养成教育

第五册 下

总主编　郭齐家

高广立

日新其德 日勤其业 臻于至善

济南出版社　　汉唐书局

图书在版编目（CIP）数据

养成教育.第五册.下/郭齐家，高广立主编.—济南：
济南出版社，2021.12

ISBN 978-7-5488-4871-4

Ⅰ.①养… Ⅱ.①郭… ②高… Ⅲ.①养成教育—小学—
课外读物 Ⅳ.① G621

中国版本图书馆 CIP 数据核字（2021）第 251852 号

出 版 人	崔　刚
丛书策划	冀春雨
责任编辑	孙育臣　张子涵
装帧设计	曹晶晶
封面插图	曹晶晶

出版发行	济南出版社
地　　址	山东省济南市二环南路1号（250002）
编辑热线	0531-86131747（编辑室）
发行热线	82709072　86131701　86131729　82924885（发行部）
印　　刷	山东彩峰印刷股份有限公司
版　　次	2022 年 2 月第 1 版
印　　次	2022 年 2 月第 1 次印刷
成品尺寸	185 mm × 260 mm　16开
印　　张	4
字　　数	43 千
印　　数	1—5000 册
定　　价	12.00 元

（济南版图书，如有印装错误，请与出版社联系调换。联系电话：0531-86131736）

编委会

序　言

2018 年 9 月 10 日，全国教育大会在北京召开，习近平总书记强调，"要深化教育体制改革，健全立德树人落实机制"，"培养德智体美劳全面发展的社会主义建设者和接班人，加快推进教育现代化、建设教育强国、办好人民满意的教育"，"要给孩子讲好'人生第一课'，帮助扣好人生第一粒扣子"，"全社会要担负起青少年成长成才的责任"。

文化是教育的命脉，教育是文化的生机。党的十九大报告指出，"文化自信是一个国家、一个民族发展中更基本、更深沉、更持久的力量"，"推动中华优秀传统文化创造性转化、创新性发展，继承革命文化，发展社会主义先进文化，不忘本来、吸收外来、面向未来，更好构筑中国精神、中国价值、中国力量，为人民提供精神指引"。

济南出版社就是以习近平新时代中国特色社会主义思想为指导，高度落实习近平总书记关于教育的一系列重要论述，深度理解中华文化的根源与发展，追本溯源，隆重推出《养成教育》系列图书。本套图书由全国著名养成教育专家联合编写，按照一体化、分学段、有序推进的原则，图文并茂，贴近生活，把中华文化的精神全方位融入一至九年级各学段，其核心目的在于帮助青少年从小树立正确的历史观、民族观、国家观、文化观，培育健全人格，养成良好习惯，永续中华民族的根与魂，做堂堂正正的中国人。

教育不应简单以分数、升学、文凭等作为评价的导向，不应被片面地理解为科学技术知识的传递，还应注重心性的涵养、道德的培育、习惯的养成。

中国传统教育是博雅教育，既包含今天的技术教育、知识教育，又包含艺术教育、身体教育与生命教育等德智体美劳诸方面。其核心是如何使人成为全面发展的人，尤其是有道德的人。其方法是讲究涵泳，就是身临其境，获得一种真切的体会，尤其是让青少年在兴趣的培养中受到熏陶和感悟，在潜移默化中养成乐善好群、敦厚优雅的品行。它不是一种外力强加的道德说教，是真正自觉的自我教育，是生活实践式的，通过点滴积累收获自己的体验，既可以丰富青少年自身，调节性情，又通过青少年的行为影响公共事务与社会风俗。"少成若天性，习惯如自然。"从长远来看，应当把青少年的养成教育放到一定的高度，让青少年自小就能够在中华文化滋养下健康成长。这些内容既是中国传统教育思想的宝贵遗产，也是本套图书编写过程中的重要灵感来源。

2021 年 7 月 1 日，在庆祝中国共产党成立 100 周年大会上，习近平总书记强调："新时代的中国青年要以实现中华民族伟大复兴为己任，增强做中国人的志气、骨气、底气，不负时代，不负韶华，不负党和人民的殷切期望！"我衷心期望《养成教育》系列图书的出版，能为新时代青少年的成长"培根""铸魂""打底色"，在收获丰富的传统本源文化知识的同时，培育他们高尚的德行、大爱的胸怀、善念的种子，并且提升为人处世、应事接物的能力，增添一份亲切而厚重的民族自豪感、文化认同感，绵绵用力，久久为功，为实现中华民族的伟大复兴凝聚智慧和贡献力量。

郭齐家

2021 年 7 月于北京回龙观寓所

目录

1. 校园志愿雷锋岗

"同学，请小心车辆！""同学，老师帮你量一下体温！""同学，上下楼梯请靠右行！"……同学们，一句又一句亲切而熟悉的话语是否时常萦绕在你的耳旁？是的，有一种精神叫奉献，有一种责任叫志愿。我们在校的每一天，都是在校园志愿者的温声细语中度过的。他们化身为守护美丽校园的使者，坚守在"校园志愿雷锋岗"上，用志愿服务践行着雷锋精神，为我们保驾护航，形成了一道又一道靓丽的风景线。

故事在线

我为门卫站一天岗

金华师范学校附属小学的门卫是一对姜姓夫妻，他们自2015年起，便来到附小做这份工作。姜师傅寡言少语，做事勤快，为人实在；姜阿姨快言快语，做事利索，为人热情。他们负责校园花木的管理、卫生的打扫、报纸的收发等，五年来很多附小老师和学生得到过他们的很多帮助，他们成了附小人的"姜爸"和"姜妈"。

姜爸有一个老母亲，在距离学校五十多公里外的兰溪。自从当了门卫，夫妻俩就没有好好陪老母亲吃过一顿年夜饭。每次过年总是一个先回家，然后匆匆赶回来换另一个回去，另一个再匆匆赶回来。2020年老母亲90岁了，家里的兄弟姐妹都在筹划着给老人过生日，姜爸和姜妈估计又不能同时陪在身边了。

金笑婷老师无意中得知，姜爸姜妈五年来从来没有一起放过假，于是有了一个微心愿，希望自己能替他们顶一天岗，让他俩一起陪老母亲过九十大寿。结果这个微心愿被许多附小人抢着认领，最终由年轻的楼玲敏和王晟豫老师顶岗一天。

五一劳动节这一天，姜爸姜妈把要做的事情再一次对早早来到传达室的楼老师和王老师嘱咐了一遍，终于欢欢喜喜地"夫妻双双把家还"。

一个微心愿，一束微光，一颗为师为善的心。姜爸姜妈是兢兢业业为着学校的一草一木、一师一生服务，甘愿牺牲自己利益而不求回报的两棵白杨树。金老师、楼老师、王老师则是细腻无声的春天的绵绵细雨，以潜在的、巨大的力量滋润着两个淳朴善良的人，默默地传递着爱和善。

从他们的身上我学到了＿＿＿＿＿＿＿＿＿＿＿＿＿＿＿＿

＿＿＿＿＿＿＿＿＿＿＿＿＿＿＿＿＿＿＿＿＿＿。

名言伴我行

◆ 你知道下面这些名言警句是什么意思吗？我知道的名言还有……

赠人玫瑰，手有余香。 ——印度古谚

我们应当在不同的岗位上，随时奉献自己。 ——［瑞士］海塞

当你服务他人的时候，人生不再是毫无意义的。

——［美］葛登纳

人的生命是有限的，可是，为人民服务是无限的，我要把有限的生命，投入到无限的为人民服务之中去。 ——雷锋

我们在行动

同学们，我们作为校园的主人，应该把我们的爱心奉献给校园的每个角落。想一想，校园里有哪些地方需要志愿者的服务？他们的岗位职责是什么？

交通疏导雷锋岗

每天上学、放学时段，在校门口就会看到交通疏导志愿者的身影。他们不怕辛苦，每天按时上岗，疏散拥堵车辆，引导家长遵守秩序，有序停车。在他们的服务下，校门口的车辆人群井井

有条，他们为我们做好了安全保障。

图书管理雷锋岗

书籍是人类的伙伴，教室的书架前、楼梯处的图书角是同学们常待的地方，但是在看完书之后，书架总是乱糟糟的，于是便有了图书管理志愿者，他们整理图书，清扫灰尘，让图书排放有序、书架变得干净整洁。

校园卫生雷锋岗

小志愿者利用课余时间，根据分工不同，对教室、路面、楼道、草坪和操场等卫生区域进行集中清扫。清扫积水、捡拾垃圾、打扫落叶……志愿者不怕脏、不怕累，认真打扫，不放过任何死角，为我们提供了一个干净、整洁的校园生活环境。

这些志愿雷锋岗的设置，让我们通过志愿服务的方式参与到学校管理中来，不但提高了我们的服务意识、增强了我们的主人公意识，还加强了对我们的劳动教育，有利于实现自我的全面发展。

同学们，你们认为，校园里哪些地方还需要设置志愿雷锋岗？把你们的想法写在下面的表格中吧！

岗位名称	岗位职责
餐饮服务雷锋岗	

【志愿服务我能行】

有的同学在参加志愿者活动中遇到了一些问题，不知道如何解决，让我们一起想想办法！

小亮和他们班的几位同学志愿加入了校园护绿雷锋岗，每周日下午为学校花草树木浇水、清理杂物。但是遭到了个别家长的反对，说他们是"浪费时间，耽误学习，多管闲事"。如果你是校园护绿雷锋岗的成员，你该怎么办？ _____

_____

多管闲事了

同学们，你参加过志愿活动吗？在活动中遇到过类似的困难吗？你是怎么解决的？快和小伙伴一起交流交流吧！

知识链接

　　志愿服务是现代社会文明进步的重要标志。习近平总书记一直十分关心志愿服务事业，就志愿服务组织发展和志愿者队伍建设做出一系列重要指示。他多次点赞志愿者，对广大志愿者、志愿服务组织、志愿服务工作者提出殷切希望。

与祖国同行　为人民奉献

　　历史和现实告诉我们，青年一代有理想、有担当，国家就有前途，民族就有希望，实现中华民族伟大复兴就有源源不断的强大力量。

希望你们弘扬奉献、友爱、互助、进步的志愿精神，坚持与祖国同行、为人民奉献，以青春梦想、用实际行动为实现中国梦作出新的更大贡献。

　　　　　　——2013年12月5日习近平给华中农业大学"本禹志愿服务队"的回信

奉献爱心，处处可为

　　雷锋精神，人人可学；奉献爱心，处处可为。积小善为大善，善莫大焉。当有人需要帮助时，大家搭把手、出份力，社会将变得更加美好。我国工人阶级应该为全社会学雷锋、树新风作出榜样，让学习雷锋精神在祖国大地蔚然成风。希望你们努力践行社会主义核心价值观，积极向上向善，从"赠人玫瑰、手有余香"中感受善的力量，以实际行动书写新时代的雷锋故事，为实现中国梦有一分热发一分光。

——2014年3月4日习近平给"郭明义爱心团队"的回信

我的收获

一日志愿行，一生志愿情。同学们，让我们坚守校园志愿雷锋岗，化身为守护美丽校园的使者，通过校园劳动服务他人，奉献自己的光和热吧！

我的志愿服务计划

服务岗位		服务时间	
服务人员			
前期准备			
服务内容			

温馨提示：

一份好的计划书需要符合以下标准：岗位设置要可行、时间安排要合理、准备工作要充分、服务内容要具体。

2. 网络资源巧运用

网络，已经成为我们不可或缺的生活友伴，成为我们重要的信息来源之一。小学生在享受网络带来的丰富的精神大餐的同时，也越来越多地受到其负面因素的影响。为了促进我们身心的健康成长与发展，就必须要发挥网络的积极作用，学会正确、有效地运用网络资源。

故事在线

中国网络第一娃

李琪缘生于1984年，16岁便成为中国最年轻的CEO，被人称为"中国网络第一娃"。

1992年，李琪缘刚读小学二年级，那时还对电脑一窍不通，但父亲在那年"六·一"儿童节时送他一份特别的大礼——一台386电脑。也许是天分，8岁的小琪缘无师自通地在键盘上敲敲打打，居然很快能够在电脑上打出文字、玩各种游戏了。遇到技术难题的时候，他就悄悄跑到电脑城，仔细观察大人们是如何操作、装卸电脑的。心里有些谱儿后，他便让家人买来有关书籍，一个字一个字地琢磨、钻研、学习各种软件，很快成了行家里手。

1995年，小琪缘开始将电脑作为自己学习的工具，丰富的信息、开阔的视野使他学习起来如鱼得水，学习成绩一直在学校名列前茅。1997年，小学还未毕业的小琪缘已能在网上畅游了。初一开始，他就已经在为新浪、网易等大型网站做网页设计，积累了名气。在他小学毕业的时候，李琪缘第一次创业，创办了个人网站"琪缘网络"。当时，有人称他为"中国网络第一娃"。

> "中国网络第一娃"李琪缘的经历让我知道了：
> _____
> _____

"短视频沉迷"

听到欢快的《海草舞》，家住河北省石家庄市的王萍却一点也高兴不起来。她的女儿正读小学三年级，以前偶尔会在放学后和节假日看一些短视频，主要是放松消遣，听听歌、看些搞笑短剧，也会学点创意手工。最初王萍并没有把孩子刷短视频这件事放在心上，甚至还鼓励孩子跟着短视频学跳《海草舞》……

可没多久，王萍发现女儿花在短视频上的时间越来越多，班主任也反映孩子课上课下经常跟同学们讨论短视频的话题，影响学业。王萍也留意到，有些短视频内容并不适合10周岁左右的小学生观看。她开始担心女儿陷入"短视频沉迷"，不能自拔。对这样的孩子，我们该采取什么措施呢？

> 同学们，你们是否也经常浏览"抖音""快手""火山小视频"等短视频？对你们产生了什么影响？_____
> _____

名言伴我行

◆ 你知道下面这些名言警句都是什么意思吗？我知道的名言还有……

能辨真假，是一种大学问。

——明·吕坤

是非未明，决不轻下判断。

——陶行知

人之进学在于思，思则能知是与非。

——宋·朱熹《训蒙绝句·九思》

勇于断者，不随其似；明于分者，不混其施。

——《古今图书集成·学行典》

所有的颜色你是数不过来的，但是应该会分辨它们。

——［苏联］阿·巴巴耶娃

_____

我们在行动

　　同学们，或许你在牙牙学语时就跟着父母接触网络，或许有些孩子现在已成为"网络高手"。网上有名目繁多的学习资源、有令人目不暇接的卡通节目……无疑，网络已经成为打开我们广阔世界大门的钥匙。在学习和生活中你是怎样运用网络的？网络给你带来了哪些便利呢？

　　我经常利用百度这个问答平台，通过问问题来解决生活和学习中的困惑。

　　我通过网络浏览世界、认识世界，了解世界最新的资讯信息、科技动态，足不出户尽知天下事。同学们都喊我"百事通"！

　　2020年春节，突如其来的疫情让我们无法准时回到校园，云视讯、名课堂、优教通等网络课堂让我们在家免费上名校，真正做到"停课不停学"！我们的学习方式改变了，同学们也体验到了别样的学习乐趣。

　　我利用网络资源……

是呀，网络帮助我们获取知识、了解社会、掌握技能、促进沟通。其实，网络资源就像一把"双刃剑"，混杂其中的不良内容也会影响我们的成长。那么，我们应该怎样正确、有效地利用网络资源，让其成为我们的良师益友呢？

一、规范上网行为

自觉遵守有关网络的法律法规、道德规范，学习上网礼仪，养成文明上网、依法上网的好习惯，努力做一个文明的网络人。

正确使用网络

二、明确上网目的

上网前明确上网目的，利用网络搜索自己需要的信息。严格执行，逐步养成利用网络资源帮助学习的良好习惯。

三、访问优秀网站

学会运用学校网站、教育局网站、儿童资源网、少年雏鹰网、小学生作文网等优秀网站，寻找资源，进行自主学习。

四、控制上网时间

在圆满完成课堂作业和家庭作业的前提下上网，并严格控制上网时间。

五、不能隐瞒家长，私自上网

上网时必须由家长知晓，且家长监督，培养自控能力。

为了增强我们的网络安全防范意识和网络道德意识，让网络资源更好地为我所用，我们更要遵守《全国青少年网络文明公约》。

要善于网上学习，不浏览不良信息。

要诚实友好交流，不侮辱欺诈他人。

要增强自护意识，不随意约会网友。

要维护网络安全，不破坏网络秩序。

要有益身心健康，不沉溺虚拟时空。

知识链接

信息的辨别与筛选

网络信息的庞杂、良莠不分，很容易令我们因无关信息干扰而失去了本来的目标，导致迷航。因此在网络上我们需要学会判断什么是需要的，什么是无关的。要学会抗拒，并能够清醒地舍取。

当搜索出众多的信息标题时，要能快速扫视，提纲挈领地看标题下的简介，通常简介里都有类型说明、时间，还有点击的次数等，这些都可以为判断提供条件，通常以专业性强、时间新、点击率高作为我们的首选内容，达到"磨刀不误砍柴工"的目的，这样的工作会为整个搜索提高效率。对于打开的也要快速浏览，不一定一打开就要保存下来。可以快速阅读前几句话，辨别一下是否为有用信息，再做处理。当然，网络资源不可穷尽，我们没有必要把所有的内容都打开。因此，我们在保存若干个后，其余尽可放弃，要能够及时住手，以免耗费不必要的时间。在网络上必要的放弃是明智的。

学会整理与加工

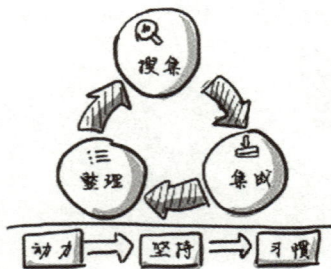

当我们在有效搜索的情况下保存一堆资料后，下一步重要工作便是充分利用。利用之前，要先进行整理。由于资料的搜索与保存是在短时间内完成的，所以保存下来的也未必就是我们真正所需要的。到底是些什么样的内容，是否有价值，需要我们去打开后整理分析。整理的方法就是要学会"浏览"。

例如，对文本性资料，整理时最好分两个阶段：浅层次浏览和深层次阅读。浅层次浏览，也就是针对这个问题进行粗线条处理。方法是：打开一篇文章要善于"走马观花""一目十行"。要学会抓住关键词，摸清文章的脉络。在网络时代，这样的能力是十分必要的，这是一个人信息素养的体现。

接下来要做的便是深层次阅读，在这一阶段，我们应摒弃浮躁，沉下心去细看、细究，学会分析，挑出优秀的，有价值的。经过这些工作，资源的价值才能得到体现。

我的收获

同学们，通过这节课的学习，相信你今后对如何运用网络资源有了许多的收获，快来写一写吧！

3. 家庭理财小能手

　　随着社会的发展，理财能力已经成为当代人整体素质的重要组成部分，也是一个人生存必备的技能。作为小学生的我们，更要从小开始，掌握基本的理财技能和方法，养成良好的理财习惯，并形成一定的理财品行，从而树立正确的金钱观、消费观、价值观和人生观。

故事在线

洛氏零用钱备忘录

　　洛克菲勒家族是世界上第一个拥有10亿元财富的美国富豪，尽管富甲天下，但从不在金钱上放任孩子。他曾和儿子签过一份关于零用钱的管理细则——14条洛氏零用钱备忘录。

石油大王
洛克菲勒

　　洛克约定每周给儿子1美元50美分的零用钱，每周末核对账目。如果当周财政记录让父亲满意，下周的零用钱就上浮10美分（但最高不超过每周2美

元）。如果财政记录不合规定，下周的零用钱就下调10美分，以此来督促儿子将钱花在合适的地方，并保留清楚的记录。此外，他们还约定，至少20%的零用钱将作为储蓄，而另外至少20%的零用钱将用于公益事业，以此从小教育孩子理财并回报社会。对于孩子需要购买零用钱使用范围以外的商品时，他们约定必须征得父母和家庭教师的同意，而后将给予孩子足够的资金，但找回的零用钱和标明商品价格的收据必须在商品购买的当天晚上交给资金的给予方。对于儿子存进银行账户的零用钱，其超过20%的部分，父亲将在其账户上补加同等数额的存款，以此鼓励孩子存钱理财。

> 洛克菲勒通过这种办法，使孩子从小养成不乱花钱的习惯，学会精打细算和当家理财的本领。

李嘉诚说花钱

有一次，李嘉诚先生与青年学生座谈，当谈到花钱的问题时，他语出惊人。他说："我鼓励大家花钱，有三种钱你花得越多就赚得越多。"看到大家都露出好奇的神色，李嘉诚不紧不慢地说出了自己的看法。

第一种学习的钱一定要花。举个例子，如果不给比尔·盖茨一分钱，让他到非洲去发展，相信他很快就会赚到钱，因为他有一个充满智慧的大脑，而这些智慧都是通过学习得来的。所以，学习的钱一定要舍得花，换句话说，把钱投资在自己的头脑上，是最安全的理财方式，到哪里都不会饿肚子。

第二种孝敬父母的钱一定要花。不管父母经济情况如何，自己再怎么困难，也要挤出钱来孝敬父母！

第三种回馈的钱一定要花。社会是一个大家庭，要互相帮助，互相照顾，要养成回馈社会的好习惯。即使收入不高，十几、二十元都行，有条件的可多捐献一些。

李嘉诚的话刚说完，会场上就响起了热烈的掌声。

从"李嘉诚说花钱"的故事中，你认为平时你的日常消费中哪些是合理的，哪些是不合理的？不合理的该怎样纠正。

通过这两个故事，我知道了：＿＿＿＿＿＿＿＿
＿＿＿＿＿＿＿＿＿＿＿＿＿＿＿＿＿＿＿＿＿

名言伴我行

◆ 你知道下面这些名言警句是什么意思吗？我知道的名言还有……

量入以为出。　　　　　　　　　　——《礼记·王制》

俭则伤事，侈则伤货。　　　　　　——《管子·乘马》

善理财者，不加赋而国用足。　　　——宋·王安石

善治财者，养其所自来，而收其所有余，故用之不竭，而上下交足也。　　　　　　　　　　　　——宋·司马光

一个人一生能积累多少钱，不是取决于他能够赚多少钱，而是取决于他如何投资理财，人找钱不如钱找钱，要知道让钱为你工作，而不是你为钱工作。　　　　——［美国］沃伦·巴菲特

我们在行动

【我家的收支表】

同学们，作为家庭的小主人，你们参与过家庭理财吗？下面是真真一家三口的家庭收支表，你能找出其中合理及不合理的地方吗？

真真一家三口，月平均收支情况

收入　7000元

支出　买房贷款：1500元　养车费用：850元　水电煤气：200元

　　　衣服开支：500元　人情开支：600元　孝敬父母开支：300元

　　　教育费用：钢琴、外语、学费共计400元

　　　伙食费：家里吃饭、外面吃饭、零食共计1900元

　　　通讯费：手机、宽带费用计260元

　　　冲动消费（见到喜欢的就买）：300元

合计开支　5960元

每月结余　1040元

我认为合理的地方是_____，理由是_____。

我认为不合理的地方在于_____，理由是_____。

同学们，你了解自己家里的收支状况吗？你家的收支合理吗？真真全家人的开支让你想到了什么？

我们的家庭开支一分一毫都来自父母，是他们的辛勤劳动，为我们撑起来一个温暖的家。所以，无论是家庭开销还是我们自己花钱，都要做到勤俭节约、合理消费、科学消费。

【小小理财俱乐部】

理财不仅仅是学会这些，理财还要管理自己的钱财。春节不仅是一年中最喜庆的日子，也是同学们"快速致富"的日子。这些压岁钱和平时的零花钱你是怎么管理的呢？如何花，才更有意义呢？

我会从压岁钱中抽出一部分用于订报纸、订书和参加兴趣小组，来提高自己各方面的能力，还会用零钱买一些课外资料和学习用品，减轻父母的负担，以此提高学习成绩。

每年收到压岁钱之后，我就到银行，在妈妈的帮助下，存进以我的名字开立的储蓄账户。根据需要来支配。

我会把这些钱捐给那些想上学，而没有钱交学费的贫困山区的儿童，奉献自己的一份爱心。

我……

同学们，就让我们从小养成合理利用零用钱的习惯，迈出人生理财的第一步吧！

一、理性消费，花得有必要

当你想要的东西超出了家庭的消费能力后，要对自己说，"这件东西我可以先不买"；当你要买东西的时候，首先要问自己，"这是我需要的东西吗？"如果你的心里回答"是"，那么你可以考虑买下它；决定要买的时候，最好要货比三家。在消费过程中做到量入为出。

二、合理安排，花钱有计划

养成良好的记账习惯，把每一笔收入和支出不分巨细都记录下来。到月底方便总结自己的花费情况，看看有哪些花费是可以免除的，在下个月的时候可以尽量减除掉。根据上个月的消费计划当月消费，当月的消费情况要做好大概的规划，衣食住行都做出较好的控制。根据不同的情况进行合理规划，尽量减少不必要的支出。

同学们，也来亮一亮你的理财小妙招吧！

我的理财小妙招

知识链接

理财：通过一系列有目的、有意识的规划进行财务管理、积累财富、保障财富，使个人和家庭的资产取得最大效益，达成人生不同阶段的生活目标。

《小狗钱钱（全彩漫画版）》讲述了：12岁的小女孩吉娅有一天发现了一只受伤的流浪狗，并把它带回了家。没想到这只看似普通的小狗却是一个理财专家。后来，吉娅和小狗成了朝夕相伴的好朋友。为了实现自己的梦想，吉娅开始了积极的行动，并终于如愿以偿。学会和钱打交道其实并不

难，看完这本书，你也可以和吉娅一样，从小树立正确的理财观念，拥有美好的未来哦！

我的收获

同学们，通过这节课的学习，相信你们肯定有不少收获，快来写一写吧！

4. 致敬平凡劳动者

每一个奇迹都由奋斗创造，每一种伟大都由平凡书写。在我们生活的各个角落，无数劳动者就如满天繁星，在各自岗位上默默发光发热，用双肩扛起责任，用汗水履行职责。

故事在线

全国劳模时传祥

时传祥出生在一个贫苦农民家庭。他14岁逃荒时流落到北京城郊宣武门一家私人粪场，受生活所迫当起了掏粪工。在旧中国，掏粪工不仅受到社会的歧视，还要受行业内部一些恶势力的压榨和盘剥。时传祥在这些粪霸手下一干就是20年，受尽了压迫与欺凌。新中国成立后，新中国给了他做人的尊严，工人阶级当家做主使他扬眉吐气，他对党充满感激。他用一颗朴实的心记住了一个通俗的道理：掏粪也是社会主义建设事业的一部分。他把掏粪当成十分光荣的劳动，以身作则，以苦为乐，不分分内分外，任劳任怨，满腔热情，全心全意为人民服务。

新中国成立后，时传祥被工友选为崇文区"粪业工人工会"委员。1952年，他加入了北京市崇文区清洁队，继续从事城市清洁工作。1959年，时传祥作为全国先进生产者参加了在北京召开的全国"群英会"，10月26日，国家主席刘少奇在人民大会堂湖南厅握着他的手，说道："你掏大粪是人民勤务员，我当主席也是人民勤务员，这只是革命分工不同。"时传祥也表示："我要永远听党的话，当一辈子掏粪工。"从此，时传祥成为载誉全国的著名劳动模范。

> 如今现代化的大都市，掏粪工已是个消失的行业，但只要存在着社会分工，行业之间就必然存在着差异，也仍然会存在着苦、累、脏的工作，这些工作同样要有人去做。你还知道哪些在这样平凡岗位上做出突出贡献的典型的人和事？

> 平凡的劳动同样能创造不平凡的业绩，他们的工作是祖国建设不可缺少的，同样应受到人们的尊重。

习总书记买包子

2013年12月28日12点20分左右，中共中央总书记习近平和一行人乘面包车去北京市西城区的庆丰包子铺吃午饭。习近平总书记进门后径直走到排队买包子的十几个人的队尾，包子铺经理贺媛丽看到后走上前说："您不用排队了，直接买吧。"总书记说："不用，我和大家一起排队。"

当时在餐台服务的服务员介绍说，当时，习近平身穿深色风衣和西装，内穿一件黑毛衣。

"什么好吃？"习近平问。

"猪肉大葱吧。"她推荐。

"好，再来一份儿炒肝。蔬菜呢？"

"有芥菜和菠菜。"

"芥菜吧"。

"一共21。"

"谢谢。"习近平说完，掏出25元人民币递给服务员。

她称，找零后，习近平自己端盘子、取餐具，在等待的三五分钟内一直与周围的人们聊天。

贺媛丽说："习近平一行人就餐约20分钟，把盘子里的6个包子都吃完了。临走时总书记特意和我说'再见，辛苦了'。"

习总书记排队就餐过程中的这些细节，是一种无声的宣示，是一种行动的示范。"您辛苦了"是慰问他人、尊重和理解他人劳动的文明用语。道一声"辛苦了"，是对劳动精神的褒奖，能让他人体验到付出劳动的价值和快乐。

通过这两个故事我明白了＿＿＿＿＿＿＿＿＿

＿＿＿＿＿＿＿＿＿＿＿＿＿＿＿＿＿＿＿＿

＿＿＿＿＿＿＿＿＿＿＿＿＿＿＿＿＿＿＿＿

名言伴我行

◆ 你知道下面这些名言警句是什么意思吗？我知道的名言还有……

劳动创造世界。 ——［德］马克思

劳动是社会中每个人不可避免的义务。 ——［法］卢梭

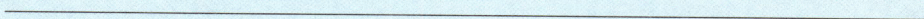

我们在行动

整个社会就像一台大机器，每个岗位每个人都是其中的一个小零件，缺一不可。正是这些平凡的劳动者坚守在自己的岗位上，才会让社会这个大机器顺利运转。

劳动光荣，平凡的岗位亦可铸就不平凡。每一份劳动都值得被感激，每一位劳动者都值得被尊重，让我们走上街头，走到他们身边，去了解一下他们的工作和生活。采访一下身边的劳动者，拿起手机，用发现的眼睛，寻找最美劳动者，拍下他们最美的劳动瞬间吧。

采访时，我们可以这样提问：

您是从事什么职业的？

您为什么选择这个职业？

您从工作中收获到了什么？

_____

_____

最美劳动瞬间

他们用双肩扛起责任，用汗水致敬职责，用良心回馈社会，用努力装点世界。我们身边有许许多多普通的劳动者既值得被我们尊重又值得被我们感谢，作为一名小学生，我们如何来感谢劳动者为我们所做的一切呢？

对环卫工人说一句"叔叔辛苦了"，对售货员说一声"谢谢"，都会让人的心里暖暖的，这就是对劳动者最好的尊重！

向给自己检查身体的医生说声谢谢，给打扫街道的阿姨送一瓶水，这些都是表达感谢的方法，你还会用什么方式对劳动者表示感谢？

_____

我们享用的每一种劳动成果，都凝聚了许多人的劳动，都需要劳动者辛勤的付出，所以对劳动者最好的尊重，就是用实际行动保护他们的劳动成果。生活中，我们应该如何做呢？

对农民伯伯最好的尊重就是珍惜粮食。

对环卫工人最好的尊重就是保护环境，不乱扔垃圾。

对老师最好的尊重就是＿＿＿＿＿＿＿＿＿＿＿＿＿＿＿＿。

对＿＿＿＿＿＿最好的尊重就是＿＿＿＿＿＿＿＿＿＿＿＿＿＿。

除了这些，我们还可以这样做：＿＿＿＿＿
＿＿＿＿＿＿＿＿＿＿＿＿＿＿＿＿＿＿＿＿。

知识链接

听习主席说

党的十八大以来，习近平总书记多次点赞劳动和劳动者。

2013年4月28日，习近平总书记来到全国总工会机关，同全国劳动模范代表座谈并发表重要讲话时提到：

劳动是财富的源泉，也是幸福的源泉。人世间的美好梦想，只有通过诚实劳动才能实现；发展中的各种难题，只有通过诚实劳动才能破解；生命里的一切辉煌，只有通过诚实劳动才能铸就。

2015年4月28日，习近平总书记在庆祝"五一"国际劳动节暨表彰全国劳动模范和先进工作者大会上讲话时强调：

我们一定要在全社会大力弘扬劳模精神、劳动精神，大力宣传劳动模范和其他典型的先进事迹，引导广大人民群众树立辛勤劳动、诚实劳动、创造性劳动的理念，让劳动光荣、创造伟大成为铿锵的时代强音，让劳动最光荣、劳动最崇高、劳动最伟大、劳动最美丽蔚然成风。

2016年4月26日，习近平总书记在知识分子、劳动模范、青年代表座谈会上讲话时指出：

梦想属于每一个人，广大劳动群众要敢想敢干、敢于追梦。说到底，实现中华民族伟大复兴的中国梦，要靠各行各业人们的辛勤劳动。现在，党和国家事业空间很大，只要有志气有闯劲，普通劳动者也可以在宽广舞台上展示自己的人生价值。

我的收获

同学们，通过今天的学习相信你们一定有很多的理解和感触，请把它写下来吧！

_____

_____

_____

_____

5. 理智"追星"不盲目

　　追星就是追光的人，在前进的道路上我们看见别人手中的星光熠熠，自己也努力地点燃自己手里的灯，就这样漫漫人生路上，寻着星光追逐，传递下去人生的意义，成为更好的自己。

故事在线

　　故事一　湖南耒阳的钟芳蓉，高考成绩676分，位列全省文科第四名。当她决定报考北大考古专业时，却遭到一些网友质疑。钟芳蓉对此多次表示："自己从小就喜欢历史和文物，受樊锦诗先生的影响，选择报考考古专业。"樊锦诗知道她的故事后鼓励她，"不忘初心，静下心来好好念书"。星河滚烫，你是理想，因有热爱不惧岁月漫长。

　　故事二　育秧、移栽、肥水管理、病虫害防控……"这是首次尝试种植杂交水稻，预料到过程会很辛苦，没想到这么难！"

四川农业大学农学院学生刘淏林，高三时，因为看了一篇杂交水稻亩产增产的新闻报道，对袁隆平心生崇拜，决定报考农学专业。2019年10月，历时5个多月，他终于吃到了亲手种植的

"大米"。"虽然卖相不好，但米饭的清香，绝对是市场上的大米比不了的！""追星"不易，追梦不易，每一步都要踏实而坚定。

这就是偶像的力量，我可能无法像你一样优秀，但因为你，我要成为更好的自己。

你有没有偶像？你从他身上获得了怎样的力量？跟你的小伙伴交流交流吧！

我的偶像是……

名言伴我行

◆ 你知道下面这些名言警句是什么意思吗？我还知道的名言有……

不要盲目崇拜别人而忽略了自己的美。 ——［英］莎士比亚

青年的思想愈被范例的力量所激励，就愈会发出强烈的光辉。

——［俄罗斯］法捷耶夫

有些偶像穿戴和装饰看起来很华丽，但是可惜！它们是没有心的。

——［古希腊］德·谟克利特

【我的观点】

正确的追星，就是在规划自己的人生时，要树立正确的目标，调整好人生的方向。可是，生活中也常常出现一些不和谐的音符。

热点话题

2021年4月，"粉丝为打投雇人倒奶"事件牵动大众神经。粉丝们为喜欢的选手打投，疯狂购买与节目联名的品牌饮料，取得留在瓶盖内侧的二维码，却将喝不完的饮料雇人倒掉。

"大量饮料被倒"的背后，是以浪费和挥霍为代价的吸睛牟利，是对劳动的不尊重、对法律的亵渎和蔑视。

我认为追星是一种个人爱好，不该凌驾于公共安全与公共秩序之上。无论是在机场、车站，还是在商场、街道，追星都应以不损害公共利益、不侵犯他人权益作为底线。

对追星这件事你有什么看法?

我们在行动

慕君之才，思君之德。不管在什么时代，偶像的力量，都能影响一个人的成长。作为小学生，我们应该以什么样的人为偶像呢? 我们应该怎样追星呢?

"追星"就追"爱国星"。天下兴亡，匹夫有责。爱国是一种崇高的情感，是最珍贵的民族精神财富，它有着巨大的向心力和凝聚力。古代有以死明志的屈原、"人生自古谁无死，留取丹心照汗青"的文天祥；近代有以死殉国的邓世昌、"以血荐轩辕"的谭嗣同；现代的爱国者更是数不胜数。从他们身上我们深深感受到忠于国家忠于民族，此生无憾。

"追星"就追"奉献星"，奉献是不计报酬的给予，是有一分光放一分热，是不求回报的爱和全身心的付出。时代楷模张桂梅，扎根边疆教育一线40余年，为贫困学子撑起一片天，用大爱筑起师德丰碑，用行动诠释初心使命。她是典型的奉献星。

"追星"就追"敬业星"，一个普通人能坚守平凡、持之以恒，在平凡的人生中忠实于自己的岗位、勇于担当责任，全身心投入事业便是人人敬仰的"敬业星"。"苟利国家生死以，岂因福祸避趋之。"面对突如其来的新冠肺炎疫情、面对未知的可怕病毒，全国医务工作者坚守岗位、毫不退缩，以他们的敬业精神撑起祖国安全的一片蓝天。

我们还可以追"勤劳星""诚信星"……那些品德高尚、学识渊博、有一技之长，在不同领域为国家、社会做出突出贡献的人；那些生活在我们身边兢兢业业、勤奋工作的人；那些拥有优良品质、值得我们学习的人都可以成为我们心中的"明星"。

我们对自己心中的"明星"要保持一颗平常心，既不能盲目崇拜，也不能求全责备。名人之所以成为名人，只是他们在某一方面为社会做出了比较多的贡献，但这并不意味着他们的一生在各个方面都值得我们肯定和学习。

我们可以分析"明星"的成功之路有哪些可资借鉴的地方。通过这些分析，学习偶像的优点，为未来的成功打好基础。努力让自己也成为那颗"星"。慢慢成为一个闪闪发光的人，一个在各方面有所建树的人。

同学们，现在就把你们心目中的"明星"写下来，推荐给其他小伙伴吧。

明星推荐表				
姓名	职业	优点	缺点	推荐理由

知识链接

古人"追星"

"追星"这件事不分时代，古人也有自己的偶像，那么他们是怎么"追星"的呢？我们一起来看看吧！

李白的粉丝

在李白的众多"粉丝"中，有一人可称作"铁杆粉丝"，他就是魏万。

为了一睹偶像风采，魏万千里追寻，打听到李白在哪里，他就追到哪里，一路追到浙江天台山，可惜每次都是他刚到，就被告知李白已经走了。

终于魏万跋涉三千里，历经半年，在广陵也就是今天的江苏扬州与李白相遇，并激动地奉上他四十八韵的长诗《金陵酬李翰林谪仙子》。

吃"诗"的张籍

唐朝的著名诗人张籍是韩愈的大弟子，其乐府诗与王建齐名，并称"张王乐府"。

张籍是杜甫的忠实粉丝，他曾做过一件让人感到"无脑"的事：他读完杜甫的诗篇后，将诗焚烧掉，收集烧完纸张后剩余的灰烬，将灰烬搅拌进蜂蜜中，每天都喝上几口，以此寄希望杜甫能赐予神力，让自己的诗写得和他的一样好。

为偶像纹身的葛清

唐代荆州有一个人名叫葛清，他狂热迷恋白居易的诗歌，"自颈以下遍刺白居易诗，凡三十余处"，连后背也刻上了白居易的诗句，且配了图画，图文并茂。葛清如此体无完肤的疯狂，被人称为"白舍人行诗图"，在街上走动，如同行走的诗板。"若人问之，悉能反手指其去处，沾沾自喜。"

洛阳纸贵

晋代的左思是个大文豪，一年写成《齐都赋》，十年写成《三都赋》。因为那时还没有印刷技术，喜欢左思《三都赋》的读书人争相抄写，把洛阳城的纸张都买断了，于是有了"洛阳纸贵"的成语。

我的收获

同学们，通过今天的学习相信你们对"追星"一定有了新的认识，快把你们的收获写下来吧！

6. 三人行，必有我师

以博者为师，长学识；以能者为师，增才干；以仁者为师，修德行；以善者为师，添爱心。学习他人的智慧，借鉴他人的经验，吸取他人的教训，就能使自己在实践中不断得到完善和提升。

故事在线

孔子相师

孔子周游列国的时候，有一日，孔子带领着弟子路过一处地方，见到一个孩子在路中间用沙土建造了一座"城池"把自己围在里面。孔子很好奇，于是询问小孩："你为什么要在路中间玩耍，不躲开马车呢？"

那孩子则伶俐地反问道："从来只有马车躲避城池的，哪有说城池要给马车让路的。这个国家的人们都说孔老先生是学识渊博、知天文、明地理、天下最有学问的人，今天看来实在是名不副实，传言夸大啊。"

孔子被讽刺地不知言语，于是问其姓名，那孩子回答自己叫作项橐。孔子听后，决定为难一下那小孩，给自己挽回一点颜面，结果孔子提出了一堆难题都被项橐一一解答。

孔子对项橐心服口服，俯下身子道："有志不在年高，达者为先，我应该拜你为师。"孔子觉得项橐年纪小小就有渊博的知识，并且能言善辩，连自己也要甘拜下风，于是对弟子训诫道："三人行必有我师矣，治学当不矜不傲，对自己不如的人应该不耻下问。"这就是孔子相师，感叹"三人行，必有我师"的故事。

宋代王应麟编写《三字经》记载："昔仲尼，师项橐，古圣贤，尚勤学。"

孔子是我国古代伟大的教育家、思想家，儒家学派的创始人，是当时社会上最博学的人之一，在世时就被尊奉为"天纵之圣""天之木铎"。

即使博学如孔子，也要保持谦虚好学的精神，不要自满于已有的学识，应随时发现别人的优点，不断学习。这是后来孔子教育思想的体现之一，也是他为我们留下的传统美德。

官渡之败

袁绍是汉末最强的诸侯，但是他有一个最大的问题就是骄傲自负，不肯听从他人建议。

　　袁绍即将发起官渡之战时，谋士田丰认为曹操挟天子以令诸侯，且曹操名义上没有犯任何错误，袁绍出师无名，以此阻止袁绍出征，袁绍不听，一意孤行，最终失败。袁绍太过于自负自满，总觉得比其他人所掌握的知识更盈满。古往今来，真正做学问的人都明白"三人行，必有我师"的道理。所以我们要不耻下问，不恃才傲物，不骄傲自满。月满则亏，水满则溢。

　　通过这两个故事，我知道了：＿＿＿＿＿＿＿＿＿＿
＿＿＿＿＿＿＿＿＿＿＿＿＿＿＿＿＿＿＿＿＿＿＿＿。

名言伴我行

◆ 你知道下面这些名言警句是什么意思吗？我还知道的名言有……

　　子曰："见贤思齐焉，见不贤而内自省也。"——《论语·里仁》

　　正确的道路是这样的：吸取你的前辈所做的一切，然后再往前走。　　　　　　　　　　　　　　——［俄］列夫托尔斯泰

　　夫以铜为镜，可以正衣冠；以史为镜，可以知兴替；以人为镜，可以明得失。　　　　　　　　　　　　　　　——唐·李世民

　　独学而无友，则孤陋而寡闻。　　　　　——《礼记·学记》

我们在行动

实践告诉我们，善借外智，才能思路开阔；善借外力，才能攀上高峰。否则，会停滞不前。那我们应该如何向他人学习呢？

> 常言说，处处留心皆学问。生活中，学习中，我们身边优秀的人很多，他们的言谈举止都是值得我们观察和学习的。想一想，在你身边有值得学习的榜样吗？把他值得学习的优点写下来吧。

优点卡

> 过去我只看到自己的优点，看不到自己的缺点，总觉得自己最好，什么都强，使自己越来越退步。通过观察发现，原来我身边有那么多优秀的人，可见，认真观察他人的优点是我们学习的一个好方法！

　　"唐宋八大家"之一的韩愈曾说："人非生而知之者，孰能无惑。"学习中的"不懂""不会"是常事，绝非愚笨。学无止境，以问为乐，方能得解惑之乐。每一次的发问，必将让我们领略知识海洋的奥妙；每一次的发问，必将让我们品味豁然开朗的喜悦；每一次的发问，必将助我们取得修养与智慧的双丰收。

我想问一问……

真理诞生于一百个问号之后，以人为师，大胆发问，这也是我们向他人学习的好方法。

　　向他人学习，归根结底是为了提高自己。学到的东西要在实践中去消化和升华，学以致用是学习的核心价值。如果不把学习到的东西拿到实践中去消化，那就失去了学习的意义。

　　同学们，保持一种学习的心态，学习别人的优点和特长。通过不断地观察、提问、实践，驱使自己奋勇前进！

知识链接

师 说

古之学者必有师。师者，所以传道受业解惑也[1]。人非生而知之者，孰能无惑？惑而不从师，其为惑也，终不解矣。生乎吾前，其闻道也，固先乎吾，吾从而师之；生乎吾后，其闻道也，亦先乎吾，吾从而师之。吾师道也，夫庸知其年之先后生于吾乎？是故无贵无贱，无长无少，道之所存，师之所存也。

嗟乎，师道之不传也久矣，欲人之无惑也难矣！古之圣人，其出人也远矣，犹且从师而问焉；今之众人，其下圣人也亦远矣，而耻学于师。是故圣益圣，愚益愚。圣人之所以为圣，愚人之所以为愚，其皆出于此乎？

爱其子，择师而教之，于其身也，则耻师焉，惑矣！彼童子之师，授之书而习其句读[2]者，非吾所谓传其道解其惑者也。句读之不知，惑之不解，或师焉，或不焉[3]，小学而大遗，吾未见其明也。

巫医、乐师、百工之人，不耻相师。士大夫之族，曰师、曰弟子云者，则群聚而笑之。问之，则曰："彼与彼年相若也，道相似也。"位卑则足羞，官盛则近谀。呜乎！师道之不复可知矣！巫医、乐师、百工之人，君子不齿，今其智乃反不能及，其可怪也欤！

圣人无常师。孔子师郯子[4]、苌弘[5]、师襄[6]、老聃[7]。郯子之徒，其贤不及孔子。孔子曰：三人行，则必有我师。是故弟子不必不如师，师不必贤于弟子，闻道有先后，术业有专攻，如是而已。

李氏子蟠，年十七，好古文，六艺经传[8]，皆通习之，不拘于时，学于余。余嘉其能行古道，作《师说》以贻之。

注释：

[1]道：指孔孟之道。业：指以攻读儒家经典为主的学业。惑：指道与业两方面的疑难。受，通"授"。　[2]句读（dòu豆）：即"句逗"。文辞语意已尽处为句，语意未尽而须停顿处为读。　[3]不：同"否"。　[4]郯（tán谈）子：春秋时郯国的君主，据说孔子曾向他请教少皞氏以鸟名官的事。　[5]苌（cháng长）弘：周敬王时大夫，据说孔子曾向他请教音乐方面的问题。　[6]师襄：鲁国乐官，孔子曾向他学琴。　[7]老聃（dān丹）：即老子李耳，孔子曾向他问礼。　[8]六艺经传：君子六艺和儒家经典著作。

我的收获 🖉

通过今天的学习相信你对"三人行，必有我师"有了新的认识，在你身边有值得学习的榜样吗？你准备向他学习什么呢？现在就把你的想法记录下来吧！

7. 公共秩序我遵守

　　良好的公共秩序要靠我们每一个人共同遵守，它是保证国家安定团结、人民生活幸福的重要条件。

故事在线

韩国的改变

　　据了解，20世纪80年代初，韩国的社会秩序非常混乱。公共场所随地吐痰、抽烟，乘车时抢座、打架等现象屡见不鲜。

　　1988年，韩国政府为了办好汉城奥运会，并向全世界展现崭新文明的民族形象，痛下决心整治社会不良风气，一旦发现上述现象严惩不贷；同时，还开展了"铺天盖地"的宣传教育活动。结果不到一年时间，国民整体素质就有了很大提高。

　　看来只有遵守公共秩序，才能形成和谐文明的社会环境，才能体现一个国家的文明程度。

我觉得……

周总理冒雨借书

1960年，周总理即将出访欧、亚、非的一些友好国家，在出国前他到北戴河休假。是年8月的一天，暴雨狂泻，周总理想看世界地图以了解相关出访国家的情况，就给北戴河图书馆打电话，借一本《世界地图》和其他有关图书。接电话的是图书馆的管理员，她不知道这是周总理要用书，就公事公办地说："你要的这几本书只能到阅览室来看，不能外借。"

于是，周总理卷起裤脚，撑着雨伞，冒着哗哗大雨走到了北戴河图书馆阅览室。进屋时，周总理的雨伞还在流水，裤脚也全湿透了。周总理立即请管理员将《世界地图》等几本参考书找给他看看。

管理员把这几本书捧到这位要书人的面前时，才发现竟是周总理，连忙不好意思地说："总理，真对不起您。我不知道这几本书是您要的。我应该给您送去，不该让您淋着雨来看书，耽误了您的宝贵时间。"

"哎，小同志，你把书管得很好嘛！"周总理笑着回答她，"没有章程制度办不好事。我为了看书，淋点雨、走点路根本不算什么。"说完，周总理就翻开书，坐在桌旁认真地翻看起来。

社会的正常运转，除了法律法规的保障，还需要人们自觉遵守和维护。公共秩序是检验社会文明的重要标志。

通过这两个故事我知道了 _____

_____

名言伴我行

◆ 你知道下面这些名言警句是什么意思吗？我知道的名言还有……

不以规矩，不能成方圆。　　　　　　——《孟子·离娄》

求必欲得，禁必欲止，令必欲行。　　——《管子·版法》

天下之事，不难于立法，而难于法之必行；不难于听言，而难于言之必效。　　　　　　　　　——《张居正奏疏集》

立法令者以废私也，法令行而私道废。

——《韩非子·有度》

我们在行动

　　电影院、剧院是我们假期里休闲娱乐的好地方。同学们，在这样的公共场所，我们需要注意什么呢？

> 　　看电影或者表演时，如果你的座位在中间的话，从别人旁边走时要礼貌性地说声谢谢，千万别蛮横地冲撞。电影或者表演开始之后，要认真观看，不可以大声喧哗。

　　同学们，你们认为看电影或者表演的时候，我们要遵守哪些规则呢？

☆手机要静音。

☆不可以吃零食、喝饮料。

☆＿＿＿＿＿＿＿＿＿＿＿＿＿＿＿＿＿＿＿＿＿＿＿＿＿＿＿＿＿＿

☆＿＿＿＿＿＿＿＿＿＿＿＿＿＿＿＿＿＿＿＿＿＿＿＿＿＿＿＿＿＿

☆＿＿＿＿＿＿＿＿＿＿＿＿＿＿＿＿＿＿＿＿＿＿＿＿＿＿＿＿＿＿

> 　　同学们，我们在公路上是不是就不需要遵守规则了呢？

交通安全是人人要注意的。我们小学生年龄小，如果上街不遵守交通规则，遇到了紧急情况更会不知所措，所以，为了自身的安全，我们要切记安全第一，规则第一。

遵守交通规则我能做到：

☆＿＿＿＿＿＿＿＿＿＿＿＿＿＿＿＿＿＿＿＿＿

☆＿＿＿＿＿＿＿＿＿＿＿＿＿＿＿＿＿＿＿＿＿

☆＿＿＿＿＿＿＿＿＿＿＿＿＿＿＿＿＿＿＿＿＿

☆＿＿＿＿＿＿＿＿＿＿＿＿＿＿＿＿＿＿＿＿＿

☆＿＿＿＿＿＿＿＿＿＿＿＿＿＿＿＿＿＿＿＿＿

同学们，你们知道吗？在学校里我们也要遵守规则，铃——铃——铃——下课啦！我们在课间休息的时候，要遵守哪些规则呢？

我们下楼活动的时候，上下楼梯靠右行，不挤不推慢慢走。还有……

课间活动，我能做到：

☆_____

☆_____

☆_____

☆_____

☆_____

是否遵守公共秩序是衡量一个人精神道德风貌和文明素养优劣的重要尺度。在公共场所自觉约束自己、方便他人、维护秩序，是我们应该做到的，也是我们每个人的义务。

知识链接

公共秩序，是一个弹性条款，有国内公共秩序与国际公共秩序之分。中国《民法通则》中有条款全面规定了公共秩序保留制度。

维护公共秩序，既要依靠道德规范，也需要法律规范的制约。然而最重要的仍是人们正确的道德观，这能够帮助人们增强法制观念，从而真正实现维护公共秩序。

公共秩序也称"社会秩序"，为维护社会公共生活所必须遵守的秩序，与法律，行政法规，国家机关、企业事业单位和社会团体的规章制度等相关。它主要包括社会管理秩序、生产秩序、工作秩序、交通秩序和公共场所秩序等。遵守公共秩序是中国公民的基本义务之一。公共秩序关系到人们的生活质量，也关系到社会的文明程度。

我的收获

同学们，请反思一下自己在公共场合的得与失，通过这节课的学习，你又有了哪些新的收获？快来写一写吧！

8. 诗词点亮人生路

"诗言志","词言情",人的情感可以借由诗词得到淋漓尽致的抒发。诗词可传递慷慨豪迈的感情,抑或是温婉动人的思念。每一首诗词都诉说一段故事,每一首诗都蕴含一份情思。

故事在线

爱国诗人陆游

陆游(1125—1210),字务观,号放翁,南宋诗人。陆游存世诗词有9000多首,自言"六十年间万首诗"。

陆游的诗歌,题材多样,具有很强的艺术性和思想性,特别是其中的爱国题材作品,广为后世传诵,成为中华民族宝贵的精神财富。如"僵卧孤村不自哀,尚思为国戍轮台"(《十一月四日风雨大作》),"一身报国有万死,双鬓向人无再青"(《夜泊水村》),"死去元知万事空,但悲不见九州同"(《示儿》)等,慷慨悲愤,脍炙人口。

梁启超评价"诗界千年靡靡风,兵魂销尽国魂空。集中十九从军乐,亘古男儿一放翁"。

你还知道陆游的哪些爱国诗篇呢?

我认为《病起书怀》是他最著名的爱国杰作，诗人以一颗赤子之心，抒发了高尚的爱国情怀，特别是"位卑未敢忘忧国"，唱出了铿锵的爱国强音，成为千古吟诵的名言警句。

我从《示儿》中，感受到了陆游的爱国之情。诗人本知死后世间一切与他无关，但仍心痛没有看到祖国的统一。他以热切期望的语气，表达了热爱祖国的情感。

才女武亦姝

武亦姝，16岁时，曾在央视《中国诗词大会》上，以2000首诗词储备量横扫百人团，三战三捷，最终一举夺冠；18岁时，参加高考，613分的好成绩位列上海考生第77名，考入清华大学，还是理科实验班。

2017年，央视《中国诗词大会》第二季开播。节目中，当时16岁的武亦姝，自始至终从容应对，过五关斩六将，在小组赛的个人角逐赛里9道题全部答对，累积308分！有一期节目中，飞花令的主题字是"月"。战况一度非常激烈，几番较量之后，武亦姝念出《诗经》中《七月》的名句："七月在野，八月在宇，九月在户，十月蟋蟀入我床下。"惊艳全场。

腹有诗书气自华，武亦姝让全国观众，在感受诗词的魅力中热血沸腾。在获得冠军时，武亦姝曾说："我觉得比赛结果无所谓，只要我还喜欢诗词，只要我还能享受到，就够了。"诗词的世界让她找到了人生的方向，让她披荆斩棘，超越一切阻碍，直达自己心中的方向。

名言伴我行

◆ 你知道下面这些名言警句是什么意思吗？我知道的名言还有……

> 诗是无形画，画是有形诗。　　　　　　　　——张舜民
>
> 诗是艺术的语言——最高的语言，最纯粹的语言。　　——艾青
>
> 伟大的诗，是民族最珍贵的宝石。　　　　　——［德］贝多芬
>
> 凡一代有一代之文学：楚之骚、汉之赋、六代之骈语、唐之诗、宋之词、元之曲，皆所谓一代之文学，而后世莫能继焉者也。独元人之曲，为时既近，托体稍卑，故两朝史志与《四库》集部，均不著于录；后世儒硕，皆鄙弃不复道。　　　　——王国维

我们在行动

学古诗词有什么意义呢？叶嘉莹先生曾经说过："人生各有自己的意义和价值，我追求的不是享受安逸的生活，我要把我对于诗歌中之生命的体

会，告诉下一代的年轻人。"把诗歌融入自己对生命的热爱之中，把诗歌凝聚在自己对人生的追求之中，这是诗歌对叶嘉莹先生的体悟。

知诗人

学习古诗，首先要了解诗人。许多古诗的创作与作者的身份及历史背景有相当关联。如文天祥写作《过零丁洋》时，正值宋兵被金兵围攻，宋军面临着兵败的危险，看到这一切，作为接触爱国将领的文天祥，发出"山河破碎风飘絮，身世浮沉雨打萍"的感叹。可是，由于朝廷的腐败无能，他眼见报国无望，最后以一句流传千古的"人生自古谁无死，留取丹心照汗青"来表达自己的赤子之心。

解诗题

有时我们理解了诗词题目的意思，不仅可以猜想诗词的内容，而且可以了解诗词的题材。如辛弃疾的《西江月夜行黄沙道中》，词中主要写了夏夜词人在黄沙道上见到的、听到的以及想到的。再如，王昌龄的《送魏二》诗题告诉我们，这是一首送别诗；储光羲的《咏山泉》诗题告诉我们，这是一首咏物诗；周朴的《春日秦国怀古》诗题告诉我们，这是一首怀古诗。

明诗意

理解诗意，是学好古诗的关键。我们可以通过抓重要的字眼来理解诗意。如韦应物《滁州西涧》中"独怜幽草涧边生，上有黄鹂深树鸣。春潮带雨晚来急，野渡无人舟自横"。在前、后二句中，诗人都用了对比的手法，因此，理解"独怜""急""横"这些字词的意思，就可以很好地理解古诗背后蕴含的深意。

悟诗情

诗歌往往抒发了作者的某种感情，所谓"诗言志"就是这个道理。如：《山行》通过描绘由"寒山、石径、白云、枫林"构成的壮美秋色图，表达了作者对大自然的热爱之情。《九月九日忆山东兄弟》则是抓住重阳节登高这一习俗，抒发了作者思念亲人的感情。所以，我们在学古诗时，一定要对古诗细细咀嚼，从而悟出诗人的情感及诗歌的境地。

俗话说"熟读百遍，其意自见"。我觉得反复读诗词，也是学好古诗词的好方法。

同学们，你们知道学好古诗词的方法有哪些吗？

知识链接

江城子·密州出猎

宋·苏轼

老夫聊发少年狂，左牵黄，右擎苍，锦帽貂裘，千骑卷平冈。为报倾城随太守，亲射虎，看孙郎。

酒酣胸胆尚开张，鬓微霜，又何妨！持节云中，何日遣冯唐？会挽雕弓如满月，西北望，射天狼。

满江红

宋·岳飞

怒发冲冠，凭栏处，潇潇雨歇。抬望眼，仰天长啸，壮怀激烈。三十功名尘与土，八千里路云和月。

莫等闲，白了少年头，空悲切！靖康耻，犹未雪。臣子恨，何时灭？驾长车，踏破贺兰山缺！壮志饥餐胡虏肉，笑谈渴饮匈奴血。待从头，收拾旧山河，朝天阙！

送魏大从军

唐·陈子昂

匈奴犹未灭，魏绛复从戎。
怅别三河道，言追六郡雄。
雁山横代北，狐塞接云中。
勿使燕然上，惟留汉将功。

渔家傲·塞下秋来风景异

宋·范仲淹

塞下秋来风景异，衡阳雁去无留意。四面边声连角起。千嶂里，长烟落日孤城闭。

浊酒一杯家万里，燕然未勒归无计，羌管悠悠霜满地。人不寐，将军白发征夫泪。

我的收获

同学们，时光流转，诗词中蕴含的家国情怀、澎湃激情、思念留恋……都成为了我们珍贵的文化遗产。再读古诗词，此时你有什么收获吗？